ALLES FREUNDE!

Der kleine Rabe ist noch ganz neu im Wald. Er ist eben erst in sein Nest eingezogen und hat alles picobello eingerichtet. Es ist sehr gemütlich. Nur ein bisschen einsam auf die Dauer. »Schön ist es hier, gute Aussicht, aber ohne Freunde ist das Leben Käse!«, überlegt er. »Am besten flieg ich gleich mal los und such mir welche.«

»Da ist ja auch schon einer«, freut sich Socke.
Mit Schmackes stürzt er sich auf seinen zukünftigen Freund, hat zu viel Schwung und schmeißt ihn um.
»Hilfe, Mama«, ruft der Dachs. »Der drückt mich platt.«
Vorsichtshalber nimmt der kleine Rabe erst einmal Reißaus. Jetzt hat er etwas gelernt: Einen umwerfen und platt machen hilft nicht beim Freundefinden.
Das ist total ungeeignet.

Socke muss es anders anfangen. Er macht sich an die Arbeit und befestigt überall Zettel, auf denen steht, dass er neue Freunde sucht. Und weil er noch nicht schreiben kann, hat er das genau aufgemalt.
Aber die Tiere schauen nur verdutzt und verdattert auf die Zettel. Keiner kommt und will sein Freund sein.
»Menno, die kapieren ja null Komma gar nichts«, stöhnt der kleine Rabe.

»Dann eben nicht, lieber Egon. Dann machen wir es anders«, beschließt Socke. Er nimmt eine Tüte Bonbons und streut eine Fährte, die direkt unter seinem Nest endet.
Ein Bär, der mit seinem Dreirad unterwegs ist, entdeckt eines. »Hhmm, lecker«, brummt er und stopft sich ein Bonbon nach dem anderen in den Mund. Er folgt der Spur, aber leider geht er dabei in die falsche Richtung.
»So ein Dussel!«, krächzt der kleine Rabe enttäuscht. »Jetzt weiß ich nicht mehr weiter.«

Plötzlich plumpst ein Ball in sein Nest.
»He, was soll das?«, ruft der kleine Rabe.
Da sieht er, dass die Tiere unter seinem Nest spielen.
»Huhu, sucht ihr den da?«, fragt er.
»Ja, das ist unserer. Wirf ihn runter«, blökt das Schaf.
»Nur, wenn ich mitspielen darf«, krächzt Socke.
Das darf er und zusammen haben sie ganz viel Spaß.
Später zählt der kleine Rabe seine neuen Freunde und ist mächtig stolz: »Alle auf einen Streich. Ich glaube, ich bin der größte Freundefinder überhaupt!«

Besuch
erwünscht

ALLES GEFÄRBT!

Der Hase hockt auf dem Baumstumpf und bemalt Ostereier.
Eins wird schöner als das andere.
Da kommt der kleine Rabe mit seinen Malsachen angeflogen.
»Rutsch mal, ich mach mit«, sagt er.
»Nee, lieber nicht«, wimmelt ihn der Hase ab.
»Du krakelst zu viel.«
»Alter Angeber«, krächzt der kleine Rabe. »Dann helf ich eben dem Wildschwein beim Eierfärben.«

Aber das Wildschwein will auch keine Hilfe.
»Die Eimer sind viel zu schwer für dich«, sagt es.
»Hier, probier mal. Die roten schmecken am besten.«
»Behalt deine doofen Eier«, schimpft der kleine Rabe.
Er ist jetzt grottentief beleidigt, weil ihn keiner mitmachen lässt.
»Du kannst ja die Eier verstecken«, schlägt der Hase vor.
Ja, das ist eine Idee! Der kleine Rabe ist nämlich ein prima Eierverstecker.

Der kleine Rabe fliegt durch den Wald und legt die Ostereier in die geheimsten Verstecke. Am Ostersonntag können dann alle Tiere danach suchen. »Die finden die Eier nie!«, freut sich der kleine Rabe. »Oder ist hier noch irgendwo eins zu sehen?« Auf einmal entdeckt er etwas. Da hat doch jemand unbemalte Eier in einem Nest versteckt. So ein Dussel!

Zum Glück hat der kleine Rabe seine Malsachen dabei. Jetzt wird er dem Hasen mal zeigen, was 'ne Harke ist. Ruck, zuck ist er fertig. »Solche Ostereier hat die Welt noch nicht gesehen«, sagt er. Plötzlich wackelt ein Ei. Dann knackt es ganz laut. »Hilfe!«, ruft der kleine Rabe. »Das Ei spricht!«

BÄR

Der Hase und das Wildschwein kommen angelaufen. Da brechen die Eierschalen auf und fünf kleine Enten kriechen heraus.
»Na, Löffel, jetzt biste baff, was?«, triumphiert der kleine Rabe. Und der Hase und das Wildschwein staunen mit offenem Mund. Der kleine Rabe ist wirklich der größte Ostereiermaler aller Zeiten.